PENSAMIENTO POSITIVO

El mejor poder del pensamiento positivo, la felicidad, y las afirmaciones

(El arte de cambiar tu pensamiento de negativo a positivo)

Yair Gil

Publicado Por Jason Thawne

© Yair Gil

Todos los derechos reservados

Pensamiento Positivo: El mejor poder del pensamiento positivo, la felicidad, y las afirmaciones (El arte de cambiar tu pensamiento de negativo a positivo)

ISBN 978-1-989891-08-7

Este documento está orientado a proporcionar información exacta y confiable con respecto al tema y asunto que trata. La publicación se vende con la idea de que el editor no esté obligado a prestar contabilidad, permitida oficialmente, u otros servicios cualificados. Si se necesita asesoramiento, legal o profesional, debería solicitar a una persona con experiencia en la profesión.

Desde una Declaración de Principios aceptada y aprobada tanto por un comité de la American Bar Association (el Colegio de Abogados de Estados Unidos) como por un comité de editores y asociaciones.

No se permite la reproducción, duplicado o transmisión de cualquier parte de este documento en cualquier medio electrónico o formato impreso. Se prohíbe de forma estricta la grabación de esta publicación así como tampoco se permite cualquier almacenamiento de este documento sin permiso escrito del editor. Todos los derechos reservados.

Se establece que la información que contiene este documento es veraz y coherente, ya que cualquier responsabilidad, en términos de falta de atención o de otro tipo, por el uso o abuso de cualquier política, proceso o dirección contenida en este documento será responsabilidad exclusiva y absoluta del lector receptor. Bajo ninguna circunstancia se hará responsable o culpable de forma legal al editor por cualquier reparación, daños o pérdida monetaria debido a la información aquí contenida, ya sea de forma directa o indirectamente.

Los respectivos autores son propietarios de todos los derechos de autor que no están en posesión del editor.

La información aquí contenida se ofrece únicamente con fines informativos y, como tal, es universal. La presentación de la información se realiza sin contrato ni ningún tipo de garantía.

Las marcas registradas utilizadas son sin ningún tipo de consentimiento y la publicación de la marca registrada es sin el permiso o respaldo del propietario de esta. Todas las marcas registradas y demás marcas incluidas en este libro son solo para fines de aclaración y son propiedad de los mismos propietarios, no están afiliadas a este documento.

TABLA DE CONTENIDO

PARTE 1 1
INTRODUCCIÓN 2
ESTO ES LO QUE QUIERO QUE RESPONDA AL FINALIZAR ESTE LIBRO. 4
¿QUÉ ES PENSAR POSITIVO Y CUÁL ES SU IMPORTANCIA?. 5
ENTENDIENDO SU PATRÓN DE PENSAMIENTO E IDENTIDAD 7
CÓMO LOS PENSAMIENTOS NEGATIVOS SE EXPRESAN EN SUS MENTES 13
¿QUÉ NO HACER? 15
CÓMO ADOPTAR ESTA ACTITUD HOY. 23
ESTRATEGIA A LARGO PLAZO 29
PLAN DE ACCIÓN 32
ESTAS CINCO COMPRENDEN LOS SECRETOS SECRETOS DEL ÉXITO. 32
AHORA, ESCRIBA EXACTAMENTE LO QUE CREE QUE ESTÁ IMPIDIENDO QUE ALCANCE EL ÉXITO. 33
EL ÁREA INTERMEDIA. 34
PERSISTENCIA. 34
LIBRO DE TRABAJO 37
COMIENZO RÁPIDO – HOJA DE TRUCOS PARA MOMENTUM 37
CONCLUSIÓN 44
PARTE 2 45
INTRODUCCIÓN 46
CAPÍTULO 1: ¿QUÉ ES UNA MENTE POSITIVA? 48
CAPÍTULO 2: COMENZANDO UN CICLO POSITIVO 56

CAPÍTULO 3: MANTENER LA BOLA RODANDO 61

CAPÍTULO 4: SALTAR SOBRE TRAMPAS Y ESCOLLOS 66

CAPÍTULO 5: CREAR EL ÉXITO A TRAVÉS DE LA VISUALIZACIÓN 73

BONO: CREAR OTRAS MENTES POSITIVAS 77

CONCLUSIÓN 82

Parte 1

Introducción

En este poderoso libro trataré y lograré cambiar la forma en la que ve su vida y el mundo en general. Le llevaré de la mano y le regalaré una visión nueva. Una vez entienda la temática y principio de este libro, y aplique los cambios mentales que se mencionan, su vida no podrá ser ni será la misma. Le puedo prometer aquello si mantiene una mente abierta a lo que está escrito. Una vez termine con este libro sabrá exactamente cómo conquistar el mundo. Tendrá energías renovadas y motivación para obtener todo lo que quiera. Haré de este libro algo corto, aunque sea el más perezoso de los lectores. Quiero asegurarme de que lea y entienda, y más importante aún, que aplique la información. Si puede manejar sus pensamientos y sentimientos o emociones que forman parte de ellos, tendrá el mundo a sus pies. Imagine que se le ha dado un rol en una película. Debe actuar como el personaje, si es el villano, deberá hacer ciertas cosas propias de villano. Aunque en la vida real sea una persona maravillosa e increíble, en este particular momento es su trabajo herir a personas buenas, traicionar y apuñalar.

Así que, "¿cómo se relaciona esto con usted y con el tema de pensar positivo?" Se preguntará.

Bueno, la vida es una gran película, y usted es un personaje en ella.

A diferencia de una película, usted puede definir su personaje. Esta es su identidad. Su imagen en el mundo. La lleva consigo en su vida diaria. Si no está obteniendo lo que quiere en la vida, entonces no le sirve. En este libro veremos cómo ha formado esa imagen, y cómo cambiarla para lograr sus objetivos. Cambiar puede requerir que actúe fuera de personaje. Así que deberá crear una nueva imagen que llamaremos su 'identidad', o, aún mejor, deberá actuar fuera de personaje, imponiendo nuevos comportamientos y emociones.

Esto es lo que quiero que responda al finalizar este libro.

No es prevenir sentimientos negativos; ni tampoco pensar cosas positivas.
¿Qué historias se relata a sí mismo y cómo forman su identidad?
¿Por qué debe olvidar todo respecto a sus pensamientos?
¿Cómo su modelo encaja con su realidad?
- ¿Por qué manejar sus pensamientos es un estilo de vida y no algo que debe hacer en un momento de conflicto?

¿Qué es pensar positivo y cuál es su importancia?

El pensamiento positivo es enfocar la actitud mental y emocional en el lado bueno de la vida, esperando los resultados u objetivos que quiere alcanzar.

Debe entenderse que el pensar positivo no quiere decir "pensar positivo" en relación a la polaridad. Tampoco significa el juzgar positivo o negativo. Tiene que ver con lo que está intentando obtener. Pensar manteniendo la mirada en el objetivo. No cualquier objetivo, sino que uno que le motive más allá de un nivel de gratificación inmediata.

La mentalidad optimista le permite ver la vida como es. Es el significado de la realidad. Permite distinguir lo que es y lo que no es relevante en cierta circunstancia. Es la perspectiva general de la vida.

El establecer un gol en la vida es un proceso. Usualmente nos ponemos un límite de tiempo para llegar a él. Un año, por ejemplo, y luego evaluamos si lo logramos o no (siempre y cuando recordemos evaluarlo). Olvidamos entonces que lograr un objetivo no es un gran acontecimiento. No es una alfombra roja. Esto también ocurre con los objetivos de crecimiento personal. Debe verlo un paso a la vez. Un mecanismo de reloj. Segundo a Segundo. Minuto a minuto. Día a día. Semana a semana. Mes a mes. Año a año. Es una especie de maratón y lo más frustrante es que no constituye sólo una: existen varias en áreas diferentes. Eso es la vida, amigo. La vida.

Entender el Pensamiento Positivo y aplicarlo no solo le hará disfrutar más la vida, pero la facilitará de innumerables maneras. Estas incluyen:

Deshacerse de los problemas y ansiedades creados por la mente.

Crear una mentalidad libre de preocupaciones y aumentar su felicidad.

Experimentar una energía renovada y motivación para alcanzar lo que quiere; y ese impulso interior que le hace saber que

puede llegar a toda meta.
Crear autoconfianza digna de una superestrella.
Aceptar sus responsabilidades personales y que constituye la causa en vez del efecto.
Sus sentimientos de insuficiencia se evaporarán.
Liberarse de la preocupación por su rendimiento.
- Liberarse de la preocupación por cosas que están fuera de su control.
- Liberarse de la preocupación por la actitud de otros.

Si es apasionado por la vida y cava más allá de la superficie, puede fácil y rápidamente crear esta actitud, hoy y ahora.

Entendiendo su patrón de pensamiento e identidad

"Lo único que le impide llegar a lo que quiere es relatar a usted mismo la historia de por qué no puede obtenerlo."– Tony Robbins

Su mente es como un imán. Mientras vive, atrae ideas, lecciones y comportamientos que forman su plano interno. Como dijimos anteriormente, esta es su identidad.

Su identidad es una imagen de usted en el mundo. Si esta imagen es de un individuo fuerte, un ganador, una persona a cargo de su vida, la forma en la que se muestre será la de un individuo fuerte. Energético. Motivado. Seguro. Una persona que permite que cosas ocurran. Sus pensamientos significan algo diferente.

Ahora, si está leyendo este libro, se puede asumir que tiene sus propios demonios mentales. Imagine una imagen propia en el mundo. ¿Cómo se ve? Son las limitaciones autoimpuestas las que sabotean sus deseos e impiden que alcance sus metas. ¿Qué clase de persona representa en sus ojos?

Probablemente piense en usted como la clase de persona a la que ocurren las cosas. Quizás piense que no puede hacer nada por ello. Cree que no es lo suficientemente creativo. Se siente en desventaja. Vive con miedo. Siente que no tiene valor. Se ve con oportunidades y opciones limitadas.

Es aquí donde la imagen propia juega su rol.¿Cómo pueden algunos ser confiados, capaces de alcanzar metas, mientras otros siempre se encuentran luchando?

Para muchos de nosotros, no se sabe por qué actuamos de la forma en la que lo hacemos.No está seguro de sus motivaciones en este mundo. Esta imagen propia está influenciada por un número de fuentes.

- Personas con las que compartimos.

Las personas con las que se moldea de forma consciente o inconsciente afectan sobremanera en cómo se ve a sí mismo. Como piensa es cómo se comporta. Cuando pasa mucho tiempo con ciertos individuos, absorbe algunos de sus características. Su forma de pensar y comportamiento. Esto es lo que permite la conexión en los amigos. Puedo asumir que tiene un amigo que, al verlo por primera vez, no tenía nada en común con usted. De hecho, su forma de ser parecía rara. Sin embargo, con el pasar del tiempo, han empezado a emplear las mismas frases. Crean bromas internas que solo ustedes entienden. Esto es un ejemplo de comportamiento automático. Es muy importante considerarlo. Algunas características que absorbemos de nuestros amigos no son útiles.

Me di cuenta de esto en la Universidad, tenía amigos que no tenían novia y hablaban mal y juzgaban a aquellos que sí tenían. Nos moldeamos con aquellos con los que compartimos.

- Los medios que consumimos.

Los libros que leemos. Las películas que vemos. Los canales de televisión que sintonizamos. Nuestras mentes piensan en forma de historias. Todo medio que presenta cosas en historias nos absorbe. Su impacto es masivo. La gente que suele ver comedias tiende a ser relajados y generalmente más vibrantes. No significa que otras películas no sean buenas, sino que lo estimulan de forma diferente.

No es de sorprender que es más sencillo recordar una canción, historia o película que un ensayo por el que le examinarán. O esa fórmula de cálculo correspondiente a ecuaciones exponenciales integrales.

Recuerde, en la universidad; tarareando la canción que escuchó en la fiesta del fin de semana pasado. En medio de una lección tortuosa a mitad del día.

Luego de crear nuestra imagen del mundo y cómo nos comportaremos según la misma, se ven determinados nuestros hábitos y reacciones.Esto deja huella en la forma en la que debemos ser y creamos costumbres.

En este capítulo el énfasis está en las influencias básicas. Si bien no es tan simple como decir que otros influencian su confianza y autoestima, esta sección apunta a la fuente. Puede ir desde incidencias de abandono, privación de amor, o expectativas irreales de sus padres. O los medios pueden llegar a afectar su visión, lo que es bueno o malo.

También puede transformar su visión respecto a la sexualidad, vergüenza, o amplificar sus miedos.

Usted es una criatura de hábitos. Cuando los adquirimos, encontrándolos útiles de una forma u otra, los repetimos. Así cosas que hacemos en el día a día son similares. Cuando creamos una imagen, alineamos nuestros pensamientos y, en consecuencia, nuestras acciones respecto a esa imagen. Los pensamientos que tuvo ayer y los que tiene hoy son virtualmente iguales. El orden puede ser diferente, pero son ciertamente los mismos.

Siendo criaturas de costumbres, esta mentalidad que experimenta en su vida diaria es automática. No puede controlarla. Estas ideas gatillan emociones. Por esta razón pasa gran parte de su tiempo estimulado por ellas. Sentimos las mismas emociones, es algo del día a día. Por ello, cuando generalmente siente inseguridad y miedo, puede sentirlo en todas partes sin importar lo que hace.

Cómo los pensamientos negativos se expresan en sus mentes

Las historias que nos contamos
Cuando experimenta pensamientos, siente emociones. Algunas agradables y otras incómodas. Las que más nos preocupan son estas últimas, como miedo, inquietud, frustración y pesimismo. Si muchas de estas inundan su mente durante el día, semana o mes, tienden a definir su nueva realidad. Distorsionan lo que cree que es su imagen. Acepta la historia. Comienza a limitar lo que es posible en su vida. Estas emociones y pensamientos están correlacionados directamente a su autoconfianza o autoestima.La mentalidad negativa en sí no es el problema. La cuestión es que causan emociones que acentúan y crean duda en nosotros mismos. Nos hacen cuestionarnos. Que no estamos equipados adecuadamente para manejar las tareas o situaciones en las que nos encontramos. Cuando percibimos nuestra habilidad como inadecuada, nos congelamos. Nos paralizamos.
Piense en el momento en que sentía que

poseía la habilidad para hacer algo. Puede que haya experimentado miedo y duda, pero siguió adelante.

Digamos que tiene que hacer una presentación. Se siente nervioso. Esto generalmente toma forma de preocupación. Los pensamientos que automáticamente nacen son, por ejemplo, "voy a hacer el ridículo." Crea excusas para no entrar en acción, como "no estoy preparado."

Cuando estas emociones surgen, su comportamiento se ve afectado. Puede paralizarse, no ser capaz de pararse frente al micrófono. Puede acelerar la presentación. Hablar muy rápido o muy bajo. Puede que se dé cuenta de que la falta de autoconfianza no le permitirá aprovechar las oportunidades que tiene en frente. Este fue sólo un ejemplo de lo que puede ocurrir. Sin embargo, no es la única situación. Puede causarle procrastinación, racionalizar por qué no debe hacer algo. Crea demasiados escenarios de "y si..." Si se ve diciendo o pensando en estas palabras, es porque ha llegado a un

momento crítico y nada bueno saldrá de decir dicha frase.
No más... "y si..."

¿Qué no hacer?

"Me he preocupado de muchas cosas en mi vida, y la gran mayoría nunca ocurrió." - Mark Twain

El dolor es parte de la vida, pero el sufrimiento es auto inducido.

La mente humana es muy interesante; puede crear sufrimiento donde no existe. Imagine todo lo que alguna vez le ha preocupado. Probablemente muchas de esas cosas no se hicieron realidad. Aun cuando lo fueron, ¿fue tan doloroso como lo anticipó? Puedo apostar que no. La preocupación es una forma de sufrimiento auto inducido.

Antes de indagar exactamente en las cosas que hará para vivir de forma empoderada, quiero destacar algunos obstáculos que puede encontrar. Lo que quiero que sepa de ellos es que, todos apuntan a algo específico: gratificación instantánea. Desechar ese sentimiento desagradable de esforzarse fuera de la zona de confort. Entenderlos le permitirá esquivarlos. Mientras lee este libro, es muy importante que tome nota de lo que resuena con usted y ocupe el libro de trabajo proporcionado al final. Es su guía fundamental para asegurarse de apuntar a todas estas áreas.

- Quejarse

Asumo que en algún momento se ha visto envuelto en una discusión con un ser querido. Quizás fue un amigo o hermano. O, se ha dado cuenta de que se queja de hasta las cosas más insignificantes. ¿Qué pasó después? En ambos casos probablemente ocupó los minutos, horas o días siguientes repitiendo dichas conversaciones en su cabeza. Debatiendo si tuvo razón o no, justificando sus acciones. Lo que ha hecho es entregar su poder a la persona con quien discutió. Le ha dejado afectar sus emociones y comportamiento. Cuando se queja constantemente, comete un robo contra su persona. Se quita la habilidad de ver todo desde una perspectiva objetiva y se cierra a las posibles soluciones. No digo que debe dejar que otros hagan lo que les plazca, sino que si usted se toma algo de tiempo para tomar distancia de la situación, puede ver un sinnúmero de soluciones. El punto importante es que no debe quejarse. Creará un talento para sopesar ideas. Ahora que no puede protestar, su mente le permitirá establecer soluciones.

- Esquivar la responsabilidad – Mentalidad del 100%/Dejar las cosas a medias

Asumo que este no es el primer libro que le dice que debe tomar responsabilidad por su vida.Lo más probable es que si está leyendo esto, lo ha visto antes.Así que aquí estamos. Hay una metáfora que viene a la mente respecto al 100% de responsabilidad.*Ningún hombre en un caballo blanco vendrá a su rescate.*Amo esta metáfora porque abarca todo en la vida. Usted es el creador de su existencia. Si tiene problemas en un ámbito de su vida, es porque no ha hecho lo que necesita para tener algo mejor. Debe ganar contra estos conflictos. Puedo escucharlo decir "pero… (***Añada lo que quiera…***)." Está actuando como la víctima. Recuerde que queremos transformarlo en el conductor, la causa de que las cosas sucedan. No existe alguien que llegue a entregarle dinero, otorgarle un trabajo, permitirle encontrar a su pareja soñada, manejarle sus pensamientos. Debe hacerlo por su cuenta.

- Aprender a verse Indefenso/Justificar

Si en algún momento se describió como "***pobre de mí, soy…y…eso.***", nos encontramos con una mentalidad de víctima. Una vez llega a esta fase, es probable que haya pasado por las dos anteriores. Se ha quejado y no ha hecho algo por ello. Está esperando al hombre del caballo blanco para salvarle. La peor parte de aferrarse a eso es que este hombre no sabe dónde encontrarle (hahaha…) Esto invade otras áreas de su vida, transformándose en una espiral. Si lucha con sus emociones, existe una gran posibilidad de que no tiene confianza, no tiene salud, sus relaciones son malas y no está teniendo una vida decente. Justificarse es rendirse. Está buscando excusas para que las cosas estén como están. Se dice así mismo que tiene sobrepeso por su genética. Que no tiene tiempo. Mientras más repite estas historias, más grabadas quedan en su subconsciente. Para cambiar en 180°, es importante que deje de quejarse y enfocar la culpa en otros. Es ahí donde debe tener el 100% de responsabilidad. Estas dos cosas, ser responsable y dejar de quejarse, son reglas de oro. Y usted está hecho de oro.

- Mentalidad del Todo o Nada

Muchos piensan que luego de leer un libro como este o escuchar un audio con estas enseñanzas, pueden cambiar inmediatamente. Si fuese ese el caso, muchas más personas dejarían de fumar, irían al gimnasio, o renacerían. Pero para ver todo desde la perspectiva correcta, debe estar en sintonía con su vida.

Introduzca cambios en diferentes áreas. Imagine a un mesero en un salón lujoso que está intentando dejar de fumar pero tiene a cargo pipas de agua o Shishas. Luego de obtener ideas para mentalizar el dejarlo, tiene que buscar cómo manejar la tentación en el área en la que trabaja. Toda circunstancia puede ser diferente, pero las soluciones son universales. Tome control de su entorno, y llevará la mitad del camino recorrido. Toma 30 días el crear un nuevo hábito y disfrutarlo. Eso solo si ha dominado cosas como su entorno y está intentando tener iniciativa.

- Adicción al conflicto / Miedo al éxito

Sí, leyó bien. Es un concepto estúpido, y yo también lo odio. Así como la mentalidad del 100%, aparece en casi todo libro que he leído. Quizás ha hecho un esfuerzo en cambiar, pero no ve los resultados. Es el momento de enfocarse y ser brutalmente honesto con usted mismo. No quiere hacer los cambios. Hay un tipo de recompensa que sabe que obtendrá si no hace los cambios necesarios. En nuestro caso, es más el dolor que usted asocia al proceso de hacer cambios. Una cosa es escribir o planear lo que queremos. Pero seguir dicho plan y ejecutarlo no es tan simple. Todos sabemos que debemos ahorrar, que debemos invertir, que somos adultos pero de alguna forma no cumplimos con ello. No es que no queramos, es que tenemos miedo de no ser capaces de aguantar el proceso o llegar a la meta.

- El mito de que el éxito debería ser sencillo de obtener

Usualmente cuando se embarca para llegar a una meta, experimentará muchas dudas. Puede que se pregunte si es algo que realmente desea hacer. Muchas personas se han visto seducidas por comerciales y campañas publicitarias en televisión o radio que les dicen que es fácil. Las películas le dicen que todo llegará de forma rápida e inmediata. Y si eso no sucede, cree no ser lo suficientemente bueno. O peor, que está haciendo todo mal. Digamos que empieza un negocio, pero luego de dos meses no ha vendido. Esto puede ser una excusa para rendirse, pero debería transformarse en un desafío para resolver el por qué de esa falta de ventas.

Cómo adoptar esta actitud hoy.

"La única Verdad es que usted decide cómo ver las cosas."
David Foster Wallace

Sé que quiere llegar a la parte de las instrucciones, llegaremos a eso pronto. Probablemente piense que será difícil, pero quiero intentar hacerlo sencillo para usted. Primero, le entregaré herramientas con efectos a corto plazo. Estas le permitirán crear momentum y cambiar su vida. Lo interesante es que gran mayoría de estas ya han sido mencionadas en el libro.

Ahora, dejemos algo claro. Nuestras mentes son capaces de esconder la verdad. No quiere pensar positivo. Sí, leyó bien. Tampoco quiere controlar su pesimismo, ni deshacerse de ciertas emociones. Lo único que desea es entenderse, el obtener el valor para alcanzar una meta, a pesar de sus dudas y limitaciones. Muchas soluciones para pensar positivo no son exactamente ser más optimista o tener menos pensamientos negativos, sino que aprender a lidiar con usted de forma más profunda. ¿Cómo manejar sus inseguridades? ¿Cómo manejar el no tener control sobre las cosas? A esto se le llama buscar comodidad en la incomodidad, y dar el primer paso de forma valiente hacia lo que desea en su vida. Sin más preámbulos:

- Aceptarse

Para enfocarse en los resultados que desea obtener en su vida, debe primero aceptar y apreciarse como es. Es un ser humano, con inseguridades, miedos y limitaciones autoimpuestas. Aceptarse es saber que lo que es, es. Lo que no, no. Muchas dudas y pensamientos negativos son causados por sentir y tener la idea de que tiene una posición menos privilegiada. Nos comparamos con otros y nos hace sentir insuficientes. Esto nos hace dudar de cuánto queremos lograr. Debe cambiar esta mentalidad para mejorar otras áreas de su vida. Acepte que está donde está, y desde ahí deberá empezar. No existen atajos.

- Tome Responsabilidad

Aceptarse le liberará de muchas preocupaciones. Le dará el poder de saber que solo usted puede decidir qué es importante en su vida. Es liberador saber que solo usted puede esforzarse para hacer cualquier cosa posible.Ser responsable le convertirá en su propio caballero en caballo blanco que llegará a salvarle.

- No tome todo con tanta seriedad

Quiero que se mire al espejo. Haga una cara graciosa. Puede sonar tonto, pero confíe en mi. Relaje su rostro.

¿Cómo se siente? Debe relajarse. Aprenda a sonreír todos los días. Sonreír y soltar carcajadas liberará tensiones en su rostro y cuerpo. Ser capaz de conjurar una sonrisa sin importar lo que suceda le permitirá saber que todo estará bien..

- Visualizar

Esto le permitirá aclarar y dar dirección a lo que valora. Quiero que se siente, abra Google. Imagine todo lo que quiere tener, cómo quiere verse, y cómo quiere sentirse.

Escríbalo en la barra de búsqueda y vea imágenes. Ahora, descargue todas aquellas que capturen exactamente lo que desea tener, ser, sentir y lograr. Cree un mosaico con ellas. Si no puede accesar a Google, ocupe una revista o periódico, y cree un collage en su pared. Crear este cuadro le ayudará a enfocarse en sus metas y no dejar espacio a sentimientos negativos.

Todos los días deberá observar este cuadro. Hágalo hasta que sienta que merece todo lo que lo conforma. No más excusas, no es difícil. Sólo observe su collage, toque las imágenes y diga "merezco todo esto." Cada mañana al levantarse, y cada noche al ir a dormir.

- Observar su mente

Cuando nuestras mentes se ausentan, lo podemos sentir. Sentimos cuando nuestra energía disminuye. Sabemos cuándo experimentamos dudas. Sabemos cuándo nuestras mentes pasan por una encrucijada. La mejor forma de vigilarla es definir ficción de realidad en nuestras emociones. Por ejemplo, si siente temor, debe preguntarse si tiene miedo o si piensa que lo está teniendo. Muchas veces, las cosas que realmente deben asustarnos no esperan a que las racionalicemos. Cuando algo es una amenaza, solo actuamos. Imagine que está en medio del camino y un camión gigante viene hacia usted. ¿Acaso espera y racionaliza si lo matará o no? Probablemente no. Sólo actúa saliendo de su camino. De la misma forma, si se encuentra racionalizando estas emociones de preocupación, miedo y duda, u otras, debe entender que son parte de su imaginación activa. Puede que su mente sea la que está haciendo dicha conexión.

- Afirmaciones

En este ejercicio, queremos liberar la mente de dudas. Necesitamos reafirmar que somos suficientes. Sólo tome cinco minutos en la mañana y cinco antes de dormir, y medite en todo lo que ha hecho bien cada día para hacer una diferencia en su vida. Entenderá que a pesar de que ayer no fue perfecto, existieron pequeñas victorias que logró hoy y que aún sigue vivo.

Quiero que escriba cada mañana
Soy 100% responsable por mi éxito en... (Escriba lo que sea que quiere lograr) y también soy responsable de crear oportunidades para llegar a ese éxito.

Escriba esto cada mañana y tarde. Luego de algunas semanas se sentirá empoderado, y querrá pagarme 100 dólares por este consejo.

- Tener un diario de éxitos

La mejor forma de cumplir una meta es escribiendo su progreso. Cada aspecto, éxitos y fallas que lleven a ella. Esto crea el estado mental positivo. Le permite revivir su día sin la conexión emocional. Le permite ver los espectros de la vida desde una perspectiva externa, sin la presión. Mientras escribe, tome en cuenta que está enfocándose en identificar los goles que quería lograr ese día y si los cumplió o no. Al hacer esto su mente le mostrará otras opciones que pudo haber tomado. Así que la próxima vez que ese escenario se presente, estará mejor preparado.

Estrategia a Largo Plazo

Como dije en un principio, el pensamiento positivo es simplemente llegar al nivel en que puede confiar en sí mismo. Lo suficiente como para inspirar coraje para ir tras lo que desea, sin importar los miedos, inseguridades y todas las limitaciones que se autoimpone. No puedo enfatizar lo suficiente que está intentando lograr algo en este juego llamado vida.

Si por el contrario ha experimentado problemas psicológicos (como traumas y fobias excesivas), no quiero dejarlo de lado, pero le pido buscar ayuda profesional de un psiquiatra, terapeuta o consejero. Sé cuán profundos estos problemas pueden ser; y no es la intención hacer de su situación algo ligero. Puede leer esta sección, y es probable que necesite esta lectura luego de sus sesiones.

Luego de mencionar eso, las estrategias de esta sección son a largo plazo. Qué es lo que debe hacer para crear un escenario de éxito asegurado. Están basadas en crear el entorno ideal.

- Programa de Autoayuda

Si siente que su mente y pensamientos le impiden empezar con el camino para alcanzar el éxito, probablemente quiera unirse a un programa de tutoría, con el fin de eliminar preocupaciones y dudas, y crear esa confianza que busca. Encuentre a un buen mentor que le guíe para efectuar estos cambios. Existen dos beneficios.

1. Hace inevitable el realizar los ejercicios que le den, ya que debe mantener un ritmo y no se trata de solo usted.
2. Tiene a alguien que supervisará cómo avanza y le criticará constructivamente.

Debe acercarse a un tutor en el área que le aqueja. Generalmente tienen un programa que puede ayudarle con cualquier desafío. De no ser así, pueden crear uno para satisfacer su necesidad. Puede que le cueste dinero, pero eso es algo bueno. Significa que se comprometerá con la tarea.

- Cree su propio grupo de trabajo

A veces la causa de miedos y dudas en

nuestra vida puede resumirse en ser pasivo y reactivo a ella. Formar su propio grupo le permite entrenar su músculo proactivo. Ser el conductor. Hacer que las cosas sucedan. Este grupo debe ser específico para el área que desea trabajar, reuniendo a un grupo de individuos que la compartan. Es aconsejable que sea la cabeza de este grupo para desenvolverse de forma activa. Puede ser un negocio, o creando dirección para el grupo. Será un líder. Esto le ayudará a crear confianza y habilidad para influenciar.

- Evita el pesimismo

Habíamos mencionado que las personas con las que comparte pueden influenciarle. Generalmente determinan su nivel de ambición. Si tiene amigos que no comparten sus sueños, o no le ofrecen apoyo, es imperativo evitarlos o eliminarlos por completo de su vida. Si bien eludir a los pesimistas puede ser una gran ayuda, recuerde que necesita amistades y otras relaciones. Necesitará buscar aquellos que sí le impulsen. Personas que hagan lo que usted quiere lograr. Personas que puedan enseñarle. Personas que avanzan en el camino de la vida.

Plan de Acción

En esta sección del libro expondré algunas cosas que le permitirán tener éxito en cualquier área de su interés. Les llamo los **SecretosSecretosdelÉxito.**

1. Velocidad de Implementación
2. El Momentum
3. El Área Intermedia
4. Persistencia
5. Autoanálisis

Estas cinco comprenden los Secretos Secretos del Éxito.

- Velocidad de Implementación.

Ahora que ha leído un libro que define cómo trazar su camino al éxito, probablemente esté pensando 'sí, fantástico, ahora sé qué hacer, patearé traseros, definitivamente comenzaré mañana.' Este primer secreto habla de cuán pronto implementa las ideas. Mientras más pronto, más rápido podrá ver las diferencias, y más fácil será la adaptación de su mente al cambio.

Ahora, escriba exactamente lo que cree que está impidiendo que alcance el éxito.

- El Momentum

Cuando está en una racha ganadora, sigue ganando. El año pasado, 2014, un club de football sorprendió a todos. Se trataba del Atlético Madrid, un club de la capital Española. Puede que sean un equipo promedio, pero el año pasado derrotaron a todos los equipos que se cruzaron en su camino, ganaron la liga, otra copa, y fueron subcampeones del mayor torneo en Europa: la Champion's League. Empezaron con una victoria, y luego las acumularon hasta que se sintieron tan seguros de su habilidad para ganar, que sin importar el oponente, salían victoriosos.

Una vez empieza a ser victorioso, nunca se detiene, sólo sigue ganando.

El Área Intermedia.

Me refiero a esto como el Área Intermedia o Área Gris, pues es en este espacio donde se ganan todas las batallas, donde nacen los negocios, donde se baja de peso. Este es el periodo en el que siente que pierde control de la situación, en el que quiere lograr algo pero no sabe si tendrá resultados o no. De hecho, deja de ver resultados. Esta área le hará exitoso. Cuando sienta que debe rendirse, piense en este espacio y luego siga adelante.

Persistencia.

Relacionada al área gris es la idea de la persistencia. Cuando somos conscientes de un área que queremos cambiar o de hacer las cosas de forma diferente, debemos enfocarnos en crear hábitos nuevos para permitirnos alcanzar nuestra meta. En promedio toma 30 días adaptar un nuevo hábito. Estos le permitirán tener energía para sobrellevar las fases de área gris, y le ayudarán a persistir y hacer cambios en su vida.

Existe un concepto llamado *gravedad del hábito y velocidad de escape.* Esto describe las etapas que se deben seguir para dominar un nuevo hábito e incluirlo en la vida.

Desafiando la gravedad del hábito (0-10) Días

Entre el día cero y diez, cuando recién sabe lo que debe hacer, está motivado y ansioso. Sin embargo, para iniciar el cambio en los primeros días, tendrá que forzarse a realizarlo. Irá en contra de la gravedad de su hábito usual.

Resistencia (10-20) Días

En esta fase, está dejando poco a poco la oposición, pero aún hay resistencia para adaptar el hábito. No es tan activa como la que experimentó en un principio, pero sigue ahí.

Aprobación (20-30) Días

En esta etapa, el cuerpo y la mente se han acostumbrado al nuevo hábito. Lo aceptan. Deja de sentir la misma resistencia, y se transforma en el nuevo método de hacer las cosas.

¿Por qué es importante entenderlo?

Es importante pues le permitirá entender que, para cambiar sus hábitos y resultados, deberá invertir tiempo. Como puede ver, el mínimo es 30 Días. Antes de terminar este periodo, no debe concluir que no obtendrá resultados.

A veces, estas etapas podrían resultar más largas, sin embargo, siguen siendo la fórmula para cambiar cualquier cosa en su vida.

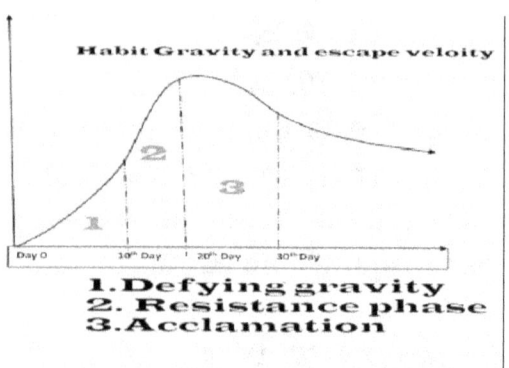

Si bien creo que dominar esto requiere al

menos otros 60 días, una vez alcance el día 30 logrará ver beneficios de la actividad.

Libro de Trabajo

Comienzo Rápido – Hoja de Trucos para Momentum

1. Escribe todo lo que quieres lograr en la vida. Todo.
   ....
   ....
   ....
   ....
   ....
   ....

2. Wow, son muchas cosas, ambicioso bastardo. Pero no te preocupes. Puedes volver a hacer el ejercicio por cada una. Quiero que elijas una o dos y las exploraremos.

   ....
   ....
   ....

....
....
....
....
....
....

3. Escribe lo que está evitando que alcances estas metas.

....
....
....
....
....
....
....
....
....

4. ¿Cuáles de las que has mencionado están fuera de tu control? Cosas que no puedes influenciar, ni hacer algo por ellas. Por ejemplo, mala economía, un jefe que no te da tiempo libre, tus padres, falta de dinero, etc. Ahora borra esta lista y olvídala.

5. ¿Cuál de las que has mencionado puedes controlar? Cosas que puedes cambiar, que implican tu comportamiento. Por ejemplo, la forma en la que ocupas tu tiempo, habilidades que debes aprender para triunfar, tus pasiones, personas a las que te puedas acercar para pedirles ayuda, etc. Básicamente las cosas que sabes que podrías hacer mejor, la zona de confort de la que puedes salir.

....
....
....
....
....
....
....

Estas son las áreas en las que trabajaremos.

6. Imagina todos los escenarios negativos que pueden ocurrir si decides seguir

adelante con lo que deseas hacer. Escríbelostodos.

Si..
....

Si..
....

Si..
....

Si..
....

Si..
....

Ahora vuelve a leer esa lista. Quiero que agregues un...Y...al principio de cada oración. Luego, responde todas y cada una de ellas.

Porejemplo;

Si postulo a ese trabajo y no lo obtengo...

***Y**si postulo a ese trabajo y no lo*

obtengo...*siempre puedo postular a otro.*

Si no soy bueno para esto...

*Y*si no soy bueno para esto...*lo seré para otra cosa.*

La esencia de este ejercicio es no dejar que tu miedo dicte tus decisiones.

7. La prueba de la Ilusión del Yo Puedo

Puedo perder peso si quiero……………………………………………………

Puedo ser un mejor jefe……………………………………………………………

Puedo empezar un negocio si quiero……………………………………………………

Puedo obtener buenas calificaciones si quiero……………………………………………………

Puedo…. (Inserta cualquier cosa que podrías hacer si quieres)………………………

Si cualquiera de estas opciones ha cruzado tu mente, entonces estás viviendo una fantasía. Eso es validación falsa, y un círculo vicioso.

De ahora en adelante, en vez de "Yo Puedo", empieza a hacer las cosas.

8. La Prueba de tus Valores

Quiero que tomes una hoja de papel en blanco.
Dibuja una línea vertical en medio.
Dibuja otras 3 líneas perpendiculares, para formar 8 cuadros.
Dobla el papel en la línea vertical.
Quedarán 4 cuadrados en frente y 4 detrás.
Escribe el nombre de alguien que detestes.
Odias todo de esa persona.
En los cuadros bajo su nombre, escribe tres cosas o características que odias de esa persona.
Da vuelta el papel y escribe el nombre de una persona que admires. Tu modelo a

seguir.

- Escribe tres valores o características que te agradan de esa persona.

Ahora estira el papel y observa. Es ahí donde encontrarás tus valores. El lado de la persona que admiras indica lo que consideras ser alguien íntegro. Es lo que deseas ser.

En el lado de la persona que odias, las características escritas son aquellas que quieres eliminar de ti mismo. Sólo te sentirás completo una vez lo hagas.

La persona con los valores que te agradan representa tus ideales, aquellos que definen tu verdadero Yo.

Conclusión

"En la vida todo lo que podemos esperar conocer es la verdad de nosotros mismos. Es la únicaverdad."

Lo único que realmente importa es que forje su propio camino.Que todos los días pueda despertar emocionado para participar de este hermoso juego llamado vida.Le doy permiso para cincelar su propia manera de llegar a ser una persona completa.Acepte el desafío y sorpréndase a sí mismo cada día.

Parte 2

Introducción

Quiero agradecerte y felicitarte por descargar el libro.

Este libro contiene pasos y estrategias comprobadas para mejorar tu vida mediante el uso del pensamiento positivo y la actitud positiva. La mente es la clave para el resto de su cuerpo, y al leer y seguir los pasos de este libro, puede desbloquear el potencial oculto que solo puede provenir de una mente positiva. Puede parecer un estiramiento al principio, pero la actitud mental tiene un efecto enorme en el cuerpo físico.Por ejemplo, cualquier médico te dirá que el estrés es un factor enorme en muchas enfermedades comunes. Aunque el mundo exterior puede aumentar o disminuir el estrés de alguien, su actitud mental también es un factor enorme. Viviendo en el mundo moderno, es básicamente imposible evitar el estrés. Dicho esto, tener una mente positiva te ayudará a lidiar con el estrés de una manera saludable, para que puedas vivir una vida larga, feliz y saludable.

Los pasos descritos en este libro proporcionan un camino fácil de seguir hacia una actitud mental positiva y todos los beneficios que esto puede traer. La mente es el cuerpo, por lo que tener una mente positiva ayudará a crear un cuerpo positivo y una vida positiva.¡Toma el control de tu vida creando una mente positiva y conviértete en lo que siempre has querido ser! ¡Algunos dicen que la felicidad es el objetivo final de la vida, así que déjate llevar por este simple libro y encuentra tu felicidad!

Sigue leyendo para dar los primeros pasos hacia una vida renovada, relajada, más saludable y más feliz. Gracias de nuevo por descargar este libro. Espero que lo disfrutes y lo apliques en tu propia vida!

Capítulo 1: ¿Qué es una mente positiva?

Si quieres tener una mente positiva, es importante saber cómo se ve primero una mente positiva. ¿Cómo puedes alcanzar tu meta si no sabes cuál es la meta en primer lugar? Obviamente, una mente positiva es aquella que mira el lado positivo, trata de encontrar los diamantes en el carbón, y no está del lado de los obstáculos ni de las opiniones negativas de los demás. Dicho esto, una mente positiva no puede rechazar los aspectos negativos de la vida porque los aspectos positivos y negativos deben estar en equilibrio. El equilibrio es una de las partes más importantes de la vida. Una mente positiva tampoco es una mente que nos lleve a un estado de "pensamiento mágico". Sí, debe tener una perspectiva positiva y mantenerse alejado de las cosas que lo retrasan, pero no, no puede simplemente rechazar algo porque no le gusta o porque no se ajusta a su molde.

Esto suena un poco intuitivo, pero piensa en esto: el rechazo es la negatividad. ¡Agregar negatividad a negatividad hace más negatividad! Dos errores no hacen un derecho como dicen. Por ejemplo, si usted es un atleta que acaba de correr una milla y su entrenador le dijo que era lento, podría hacer tres cosas. Primero, podrías pensar: "Ese entrenador es tan negativo; él debe estar equivocado porque ya soy genial". En segundo lugar, podrías pensar: "Bueno, supongo que eso significa que necesito mejorar". Tercero, podrías pensar, "El entrenador tiene razón; Nunca correré más rápido". La primera opción rechazó las críticas negativas, pero creó una situación en la que no había espacio para practicar más, y por lo tanto, no había manera de mejorar.La segunda opción aceptó las críticas negativas, pero creó una actitud positiva, es decir, seguir avanzando. La tercera opción aceptó la crítica negativa, pero la llevó demasiado lejos, haciéndola más negativa de lo que realmente era en primer lugar. El atleta que eligió la primera opción no ganará ninguna medalla, ya que ya piensan que son geniales. Esto no es realista, y como resultado, no tendrá espacio para crecer y mantenerse en el mismo nivel. La tercera opción es igual de mala porque el atleta aceptó rápidamente y se dio por vencido; Por lo tanto, ¡él tampoco estará mejorando! Dicho esto, el atleta que sabe que puede mejorar tiene la actitud más positiva, y eso lo llevará a mejorar y mejorar con el tiempo.

Esta actitud es tan importante, no solo para el deporte sino también para todo. La actitud de saber que hay espacio para mejorar es probablemente la actitud más importante que una persona puede tener. Esta es la forma en que todas las grandes personas se convierten en grandes en lo que sea que hacen, y se llama "la mente de un principiante". Alguien con una mente de principiante podría tener 50 años de experiencia, pero siempre está pensando "¿Qué puedo aprender hoy?" O "¿Qué debo practicar?" O "¿Qué sabe esta persona al azar que yo no?" Haz siempre lo

mejor para mantenerte humilde, y trata de aprender y crecer en cada situación en la que te encuentres en la vida. La mejor manera de mantener una mente positiva es mantener tu mente abierta.permite que entren nuevas ideas y piense en ellas por un tiempo antes de decidir cómo te sientes con ellas. Además, escucha cómo se sienten las cosas: si se sienten bien, explóralas y, de no ser así, evítalas.
¡Esencialmente, te estoy pidiendo que actúes como un bebé por el resto de tu vida! Un bebé siempre está aprendiendo cosas, y sí, los bebés lloran y se molestan, pero todos saben que un bebé es feliz siempre que se satisfagan sus necesidades básicas. Nadie ve a un bebé y piensa: "¡Vaya, qué bebé arrogante, ese bebé cree que lo sabe todo!" La mente de un principiante es una actitud que nunca se volverá obsoleta mientras esté vivo. Hay una razón por la que los bebés nacen de esta manera; es decir, la mente de un principiante es la mejor manera de aprender, crecer y mejorar en todos los aspectos de la vida. Tener esta actitud

mental también automáticamente hará que tu mente sea más positiva porque no juzgarás las cosas ni buscarás lo que las hace inferiores. En cambio, mirará el mundo y encontrará las cosas que lo ayudarán a mejorar, y nada se siente mejor que mejorar constantemente.

La mente del principiante es un ejemplo de equilibrio. El equilibrio puede ser el aspecto más importante de un estado mental positivo. La psicología y la medicina moderna siempre están tratando de ayudar a las personas a ser más equilibradas en cuerpo y mente.Muchas cosas afectan el equilibrio, pero tu equilibrio interior es, en última instancia, algo que solo tú controlas. Otras cosas lo afectan, pero solo tú puedes controlarlo! Esto no siempre es fácil porque el equilibrio no es un lugar, sino que es un proceso. Por ejemplo, el péndulo oscilante de un reloj de la vieja escuela está perfectamente equilibrado: gira hacia un lado y luego hacia el otro. Se atasca en un lado y no deja de moverse mientras el reloj funciona. Por supuesto, no somos perfectos como un reloj. A veces, nos quedamos atascados en un lado o en el otro y, a veces, simplemente dejamos de movernos por un tiempo. Pero como quieres tener una mente más positiva, ¡es hora de aprender algunas herramientas para ayudarte a avanzar en esa dirección!

Pensemos en la historia de Ricitos de Oro. Ella se adentra en la casa de una familia de osos y encuentra tres tazones de avena. Un tazón está demasiado caliente, uno está demasiado frío y el otro está bien. Cuando encuentras cosas en la vida, puedes reaccionar de estas tres maneras. "Demasiado caliente" es ira, rechazo, violencia, agresión o celos. "Demasiado frío" es tristeza, rendirse, depresión, agacharse o pensar que nunca podrías ser tu de todos modos.Estos dos extremos son realmente lo mismo en cierto modo. "Demasiado calor" es empujar los sentimientos hacia afuera hacia otras personas, mientras que "demasiado frío" es empujar esos sentimientos hacia adentro y pensar que el problema siempre eres tu."Justo lo correcto" es el equilibrio de los dos: es aceptación, mejora, emulación, práctica y aprendizaje.

¿Por qué no actúan más personas de esta manera? Por un lado, es mucho más fácil encontrar los lados extremos de "demasiado frío" y "demasiado caliente" porque todos pueden sentir dónde están los extremos ya que están tan lejos como pueden llegar. "Lo correcto" es más difícil de mantener porque encontrar el medio es un proceso constante. Es un proceso en el que siempre estás nadando, mirando, aprendiendo y creciendo. No puedes esperar ser perfecto porque siempre estarás decepcionado. ¿Por qué? ... porque lo perfecto no es realmente posible. Sin embargo, si esperas aprender y cambiar, entonces puedes ser feliz todos los días porque esto es algo que puedes hacer por el resto de tu vida. ¡Incluso si vivieras hasta los 1000 años!

La mente del principiante y las herramientas presentadas en el libro son verdaderamente universales. Te sugiero que sigas este libro hasta el final y apliques las herramientas tal como se presentan aquí. Sin embargo, a medida que pasa el tiempo, siempre puedes adaptar estas herramientas a otros aspectos de la vida. Cualquier nueva empresa o proyecto se beneficiará del equilibrio y de la mente de un principiante. Dicho esto, la felicidad y el éxito comienzan en tu interior, así que sigue esto y aplícalo en tu mente primero, porque una vez que la mente esté en perfecto equilibrio, ¡todo lo demás seguirá de forma natural!

Capítulo 2: Comenzando un ciclo positivo

Las leyes de la física dicen que un objeto en reposo tiende a permanecer en reposo, pero un objeto en movimiento tiende a permanecer en movimiento. En otras palabras, si empiezas a moverte, seguirás moviéndote, pero si te quedas quieto, entonces no te moverás. A veces, las personas no se mueven porque tienen miedo de cometer un error o de moverse en la dirección equivocada. Este es un pensamiento común, pero no es realmente cierto. Piensa en esto: si se está moviendo, puedes cambiar de dirección cuando lo necesites. Esta es la razón por la que ya no dudarás más en comenzar; los errores no son fracasos, sino formas de aprender a medida que comienzas a aplicar la mente del principiante. Este capítulo te enseñará cómo iniciar un ciclo positivo, lo que literalmente hace que tu cerebro se vuelva a cablear a un estado más positivo.El proceso a veces puede ser un poco difícil, pero este capítulo te enseña cómo ponerse en marcha y cómo divertirse en el camino.

Con demasiada frecuencia, escuchamos a las personas hablar de ciclos negativos, como la adicción. Todos hemos escuchado acerca de cómo estos comienzan como pequeños problemas pero rápidamente se acumulan en situaciones muy malas.¡Pero esto es solo la mitad de la historia! ¿Por qué es que no escuchamos acerca de los ciclos positivos? Las personas exitosas de todo tipo tienen ciclos positivos, pero tal vez, ¡están tan ocupadas teniendo éxito que no se detienen a hablar de ello! Hoy, hablaremos de ello y te mostraremos cómo empezar. Todo el mundo necesita ayuda y orientación en este proceso, ya que pasar de estar quieto a estar en movimiento puede ser discordante y difícil a veces.Esto es normal, y si sientes estos sentimientos, recuérdese que esto es parte del proceso. Debido a este hecho, es útil hacer que este proceso sea divertido para ti mismo mientras lo estás haciendo, para ayudar a motivarte y ayudarte a continuar.

En los últimos 10 años más o menos, una nueva palabra surgió en el idioma inglés: "gamificación" (pronunciado "game-a-fication"). Esta palabra se refiere a la aplicación del diseño de juegos a aspectos de la vida real.¡Y hoy, comienzas a aplicar esta ciencia a tu propia mente! Esto no es nada nuevo: cuando un niño recibe un dulce por completar sus tareas, este es un tipo de gamificación. La gamificación enmarca una cosa existente como un juego, de modo que te motiva a trabajar y hace que el trabajo sea más divertido. ¡Aplicarás esto a tu actitud mental para hacer que comenzar un ciclo positivo sea divertido!

Comienza a jugar este juego tan a menudo como puedas. Justo después de salir de una situación, cualquier situación mundana, piense en todo lo que se dijo. Piensa en todo lo que te dijeron y todo lo que dijiste a cambio. Está bien si no puedes recordar las palabras exactas, pero sé honesto acerca de cómo te sentiste.

Ahora piensa en tus reacciones: ¿fue "demasiado caliente", "demasiado frío" o "simplemente correcto"? Estos pueden ser sentimientos sutiles, por lo que está bien si no conoceslas respuestas. Simplemente pasa a la siguiente cosa y vuelve a hacerte la pregunta: ¿fue "demasiado caliente", "demasiado frío" o "simplemente correcto"?

Este juego es uno en el que solo hay una forma de ganar: seguir jugando. Esto se debe a que cuanto más te hagas esta simple pregunta, más fácilmente podrás responderla. Solo sé honesto acerca de cómo se sienten las cosas y mejorarás constantemente las horas extra. No te preocupes por mantener el puntaje, solo pregunta si fue "demasiado caliente", "demasiado frío" o "simplemente correcto". Este sencillo juego te ayuda a verte a ti mismo, ver cómo actúas y mejorar tus acciones con el tiempo. Incluso si te sientes tonto o fuera de lugar haciendo esto, ¡sigue adelante! Los científicos ahora dicen que su propio cuerpo no sabe la diferencia entre cuándo fuerza una sonrisa y cuándo sucede de manera espontánea. Eso significa que si solo empiezas a ser lo que quieres llegar a ser, te convertirás en lo que quieres ser con el tiempo. ¡Solo continúa! Si te comprometes con este proceso, cambiarás para mejor, así que comienza a aplicar este juego a tus interacciones diarias hoy.

Se dice que muchas personas que viven más de 100 años tienen una dieta y un estilo de vida muy consistentes. No estoy diciendo que necesites comer lo mismo todos los días, pero sí necesitas tener una práctica constante si quieres mejorar. En este caso, solo enfócate en jugar este pequeño juego unas cuantas veces al día y asegúrate de hacerlo todos los días. Volver a conectar el cerebro a un estado más positivo lleva tiempo, así que sigue adelante incluso si no sientes un cambio de inmediato. ¡Comprométete a una semana entera de jugar este juego todos los días! ¡Lo más importante es que sigas adelante!

Capítulo 3: Mantener la bola rodando

Lo más difícil es empezar. Eso es genial porque ya lo estás haciendo, y ahora, pasamos a la siguiente parte, manteniendo ese ciclo positivo en marcha. Recuerda que esto es un proceso, y aunque se vuelve más fácil con el tiempo, también dura mucho tiempo. Tu subirás y bajarás, tendrás días mejores que otros y, a veces, también dejarás de estar en un estado positivo. Todas estas cosas no solo son normales sino también totalmente necesarias. Así es como aprendes, y ahora estás entrenando para ser más positivo. Las mejores personas del mundo, ya sea en los deportes, los negocios o cualquier aspecto de la vida, no comienzan en lo más alto de su campo. Todos tienen que practicar. Incluso tenías que practicar cómo hablar y leer. De hecho, si estás leyendo esto, ¡entonces debes haber practicado bastante! Es solo que probablemente eras demasiado joven para recordar haberlo hecho. Esta es la prueba de que ya tienes todo lo que necesitas tener todos los días, una mente cada vez más positiva.

Recuerda: "El trabajo duro supera al talento cuando el talento se niega a trabajar". En otras palabras, no importa lo bueno que seas en este pequeño juego mientras sigas jugando. Entonces, ¿por qué la gente comienza tantas cosas pero termina no terminándolas? Es por la forma en que reaccionan a las cosas que les suceden. ¿Cuántas veces alguien te ha dicho "Iba a _____ hasta que _____ me pasara"? ¡Cuando la vida lanza un obstáculo, podemos dejar que nos detenga o cuando podamos encontrar un nuevo rumbo! Este capítulo se trata de mantener la bola en movimiento, por lo que cuando algo grande y aterrador se te presente, ¡simplemente gíralo y muévete alrededor de él! Está bien cambiar de rumbo, está bien fallar, y está bien equivocarse a veces. ¡Pero necesitas seguir moviéndote si quieres ir a cualquier lugar!

También es muy importante saber cuál es tu objetivo, dejarlo claro y recordarle ese objetivo todo el tiempo. Ayuda a elegir un objetivo que sea razonable, una oración larga y fácil de recordar. Este es un gran objetivo para tener: "Todos los días creo una mente más positiva". El camino a seguir es simple, corto y positivo. Dí esto cada vez que tengas una oportunidad; incluso si te sientes extraño o falso al principio, se hará realidad a medida que el proceso avance.

Aquí hay otro truco útil para comenzar a usar ahora mismo. En estos días, los mejores atletas del mundo utilizan la visualización como una parte importante de su entrenamiento. Si estás entrenando para ganar una carrera, corres todos los días, comes de manera saludable y visualizas en tu mente el momento real en el que pasas a tus oponentes y rompes la línea de meta por delante de todos los demás. En este momento, puedes dejar de leer por un momento, cerrar los ojos e imaginar que tu mente se está convirtiendo en un espacio más positivo y lleno de luz. Míralo iluminarse con luz positiva. Pruébalo ahora. Puedes hacer este pequeño ejercicio en cualquier momento, incluso si solo tienes 3 segundos de sobra. Una vez más, puede parecer falso al principio, o es posible que veas solo una luz diminuta o ninguna luz en absoluto. Esto está bien. Tu mente, tu cuerpo y tu cerebro están intentando algo nuevo, por lo que puede tomar muchas veces antes de que esto sea natural. Sólo mantén la bola rodando. Ahora, vuelve a cerrar los ojos y ve que tu mente se ilumina con una luz brillante positiva.

¿Cómo se sintió eso? Inténtalo por tercera vez ahora mismo. ¿Fue eso diferente? Este pequeño ejercicio de visualización es como andar en bicicleta. Puede tomar muchas veces volverse natural, ¡pero será tuyo por el resto de tu vida! Y recuerda que está cambiando tu propia mente para mejor, y cuanto más practiques, más progresarás.

Ahora, tómate un momento para pensar en estos dos últimos capítulos y toma nota de las tres técnicas que ya tienes, preguntando si fue "demasiado caliente", "demasiado frío" o "simplemente correcto"; recordándote a ti mismo tu meta simple de una oración; y visualizando una mente llena de luz positiva. ¡Es tan importante que uses estas pequeñas técnicas todos los días, y si faltas un día, no te preocupes! ¡Solo sigue y recuerda que este es un juego que ganas mientras sigues jugando!

Capítulo 4: Saltar sobre trampas y escollos

Siempre puedes regresar y releer este libro en cualquier momento que sientas que necesitas orientación o motivación. Este libro está diseñado para ayudarte a ser más feliz, así que manténlo cerca y deja que te ayude con la frecuencia que desees. A veces, todos necesitamos que nos recuerden las cosas que ya sabíamos, pero olvidamos con el tiempo. Esto es normal, y no hay vergüenza en mirar hacia atrás sobre lo que ya has leído. No hay vergüenza, solo gana!

Como aprendimos antes, siempre tendrás contratiempos, momentos en los que te equivocaste y oportunidades perdidas para mejorar. Eso está bien, eso es normal, y eso es algo que todos enfrentarán. Sin embargo, eso no significa que quieras saltar directamente a cada mala situación o golpear de cabeza a cada obstáculo. Parte de mantener un ciclo positivo en marcha es poder pasar por delante de tantos obstáculos como sea posible, y este capítulo te dará herramientas para ayudarte a mantenerse en curso. Recuerda siempre que los obstáculos, los contratiempos y las molestias son normales.

Recuerda que estamos buscando tener una mente de principiante, como un bebé. Los bebés aprenden y crecen todos los días, pero los bebés también se lastiman, se sienten incómodos y lloran todo el tiempo. Cuanto más puedas aceptar que habrá contratiempos, incomodidad y desafíos, más fácilmente los superarás. En otras palabras, a medida que aceptes la dificultad, serás más feliz y más positivo con el tiempo. Alguien que compra un boleto de lotería que espera ganar se sentirá decepcionado cientos o miles de veces antes de ganar. Sin embargo, alguien que compra un boleto de lotería esperando nada, solo puede ser feliz cuando gana y se sentirá completamente normal cuando no lo haga. El juego de volverse más positivo es muy parecido a esto de alguna manera. Espera que no estés jugando un juego de azar ahora. Estás jugando un juego de habilidad! Esto significa que al practicar el equilibrio y tener una mente de principiante, el juego se vuelve más fácil de jugar y tu mente se vuelve más positiva. No hay ninguna posibilidad involucrada, solo el esfuerzo que haces para continuar jugando.

A medida que apliques las tres técnicas de los últimos capítulos (formular la pregunta, repetir su objetivo y visualizar una mente positiva), te volverás más positivo. Pero el mundo fuera de ti será básicamente el mismo. Esto significa que los obstáculos habituales de la vida todavía se presentarán, y tu todavía tendrás que encontrarlos. La mejor manera de lidiar con esto es moverse sobre estos conflictos antes de que se conviertan en problemas reales. Sin embargo, también quiere asegurarse de estar involucrado en tantas situaciones positivas como sea posible. Cuando comienza una situación, pregúntate cómo te sientes. Tu mente ya es muy buena para ver el mundo con precisión, pero a veces, todos nos olvidamos de pedirle que haga su trabajo. Incluso puedes simplemente hacer la pregunta de los capítulos anteriores, simplemente cambiarla para que se aplique a la situación que te rodea. Si la situación es "demasiado caliente", puedes sentirte peligroso, enojado, demasiado activo, impredecible o inestable. Si la situación es "demasiado fría", puedes sentirte totalmente libre de riesgos, deprimido, completamente cómodo, no tener movimiento o no tener potencial para crecer. Estos son los dos tipos generales de obstáculos en la vida. Ambos te hacen perder tu energía y tiempo: uno te hace correr y hacer cosas que son innecesarias, mientras que el otro te hace quedarte en un lugar y nunca cambiar.

Pero algunas cosas no son obstáculos en absoluto, sino situaciones que te ayudan a mejorar. Estos son los lugares, los espacios y las personas con las que deseas rodearte. Si algo está "bien", te sentirás incómodo pero estable, desafiante pero seguro, o incluso inseguro pero inocente. La clave también es buscar cosas que te hagan aprender y crecer. Y debes trabajar para mantener el equilibrio en este proceso. Saltar sobre las trampas y las trampas de la vida significa desarrollar el discernimiento para ver las cosas como realmente son y luego elegir las cosas en las que saltar. Cometer errores está bien siempre que aproveches cada oportunidad para aprender y mejorar tu enfoque para la próxima vez. ¡Este es un pensamiento realmente positivo, que convierte un revés en una oportunidad para el crecimiento y el aprendizaje!

Por ejemplo, alguien que nunca ha levantado pesas antes hace tantas repeticiones como sea posible con un peso pesado. Son muy desafiados pero totalmente inseguros. Definitivamente, también terminan lastimándose y podrían no volver a entrenarse, por lo que pierden mucha energía y tiempo, ya que ahora tienen que curarse. Si la misma persona elige hacer solo tres repeticiones con el peso más liviano posible, está totalmente segura pero no será desafiada en absoluto.

Incluso si siguen haciendo esto todos los días, no tendrá ningún efecto real y, básicamente, permanecerán igual para siempre. Si esa persona elige un peso medio y hace un número razonable de repeticiones, puede continuar, sentirse desafiada y ver un crecimiento real y un cambio positivo con el tiempo. Nuestra mente es así, desafíenla de manera razonable al acercarse a las cosas con una mente abierta y de principiante. Cuando una nueva situación o persona entra en tu vida, haz lo mejor que puedas para mirarlos con esta pregunta en mente. No es importante tomar una decisión de inmediato, ya que puede llevar tiempo aprender lo suficiente para responder la pregunta. Simplemente acércate con la mente de un principiante y recuerda que siempre puedes cambiar de rumbo cuando surja la necesidad.

Ahora, aplica esta pregunta a algunas situaciones en tu vida actualmente, ¿cómo se sienten estas situaciones? Los que caen en las categorías "demasiado caliente" o "demasiado frío" deben cambiar de alguna manera. No puedo decir cómo o qué porque cada situación es diferente, solo mira honestamente y pregúntate si te están ayudando. ¿Realmente te están ayudando a crecer? ¿Estás aprendiendo algo de ellos? ¿Y están creando las condiciones para que desarrolles una mente más positiva? Estas son preguntas profundas y personales, así que háztelas lo más honestamente y con la mayor claridad posible.

Incluso las personas más dedicadas y capacitadas encontrarán desafíos, entonces, ¿cómo hacen las personas exitosas y positivas para enfrentar estos obstáculos? Hacen todo lo posible por mantener una perspectiva positiva y utilizan cada desafío para aprender y crecer de cualquier manera que puedan. ¡No temas el cambio, abrázalo porque lo único que no cambia es el hecho de que todo cambia! Aplica la pregunta, recuerda tu meta y visualiza el cambio positivo en tu mente. ¡Ahora, ya te estás moviendo en la dirección correcta!

Capítulo 5: Crear el éxito a través de la visualización

Hemos hablado sobre qué es una mente positiva y cómo evitar algunos de los escollos que evitarán que tengas una mente positiva. Ahora es el momento de hablar sobre otro beneficio importante de mantener una mente positiva. Ese beneficio es el poder de la visualización. Al utilizar tu mente positiva para rodearte de pensamientos positivos y visualizar el éxito, es más probable que tengas éxito.

La forma en que funciona es que visualices lo que sea en tu vida en lo que te gustaría tener éxito. Ya sea un trabajo, un evento deportivo, obtener lo mejor de sí mismo en el gimnasio, correr una maratón o lo que sea, imaginarse que estás haciendo bien es el primer paso para convertirlo en realidad. Las personas que tienen más confianza en sí mismas tienen más probabilidades de tener éxito. Y la confianza en sí mismo proviene de tener una mente positiva.

Algunos ejemplos de personas que visualizan su camino hacia el éxito incluyen atletas que están imaginando ganar un juego o ubicarse en un evento, empresarios que han hecho una venta o una oferta concreta, o alguien que se ha esforzado por ganar un ascenso. Cada una de estas situaciones se puede lograr visualizando el éxito. A través del trabajo arduo y una perspectiva positiva, podrás lograr lo que sea que te propongas.

Tomemos al atleta, por ejemplo. Digamos que entrenan para el deporte de su elección todos los días de la semana. Ya sea que eso signifique ir al gimnasio para entrenamiento de fuerza, correr para aumentar su resistencia cardiovascular o realizar ejercicios, estos son solo ejercicios físicos. Los ejercicios físicos son solo la mitad de la batalla. La otra mitad viene en forma de preparación mental. La preparación mental puede ser cualquier cosa, desde calmar sus nervios y entrar en un estado de enfoque puro hasta imaginar todas y cada una de las acciones que tomará para tener éxito. Cuanto más detallada y detallada sea su visualización, más probabilidades tendrá de hacer esa visualización una realidad.

Continuando a lo largo de la metáfora del atleta, digamos que eres un jugador de béisbol. Si quieres ganar un juego, tendrás que imaginarte cada acción que necesitarás para hacerlo. Piensa en todo lo que podría suceder en el transcurso de un juego y cómo reaccionarás ante él. Una vez que tengas tu plan, mantén una actitud positiva y conviértelo en una realidad. Estarás preparado mentalmente para lo que sea que te arrojen y mentalmente lo suficientemente fuerte como para seguir adelante.

Si después de todo esto eres un poco escéptico, ¡no te culpo! Sin embargo, los estudios han demostrado que aquellos que prevén el éxito tienen más probabilidades de tener éxito. Además, aquellos que repasan una rutina mental antes de seguir físicamente tienen más probabilidades de retener lo que participaron. Un estudio que siguió a gimnastas hizo que un grupo solo fuera al gimnasio y hiciera ejercicio, mientras que el otro grupo revisó su rutina mentalmente primero. El grupo que revisó su rutina mental mostró una mejor retención muscular y, en general, resultados más positivos.

Entonces, no solo tener una mente fuerte y positiva te mantiene en buena salud mental, también puede mantenerte en buena salud física.

Comienza a visualizar tu camino hacia el éxito hoy. El mejor momento para empezar siempre será ayer. El segundo mejor momento es hoy. No sigas viviendo en arrepentimiento. Comienza tan pronto como te levantes. Visualiza tu rutina matutina, luego el mediodía, entrando temprano en la tarde y en la noche. Has esto todos los días, todos los días imaginando un poco de éxito para ti y conviértelo en un objetivo para que el éxito se convierta en realidad. Ahora, ve allá afuera e imagina un yo más grande.

Bono: Crear otras mentes positivas

Muchas personas que son buenas en algo, terminan enseñando eso más tarde en la vida. ¡Una de las razones por las que hacen esto es que enseñar algo a los demás te ayuda a recordar eso! No estoy pidiendo que todos los que leas este libro escribe tus propios libros o abre tu propia escuela de Pensamiento Positivo, porque ese no es el papel de cada persona en la vida. Este capítulo trata sobre las pequeñas oportunidades diarias que todos tenemos para enseñar a otros y difundir un poco de felicidad. Aquí encontrarás algunas herramientas con las que puedes difundir algo de lo que has aprendido aquí y al menos agregar un poco de brillo al día de alguien.

Piensa en lo bien que se siente si un extraño te sonríe o si la persona que está en el mostrador de la tienda de comestibles está contenta sin ninguna razón. Las personas que difunden este tipo de felicidad pequeña y aleatoria no solo están ayudando a los demás, sino que también se están haciendo más felices. Intenta sonreír ahora mismo. Probablemente te sentiste un poco más feliz de inmediato. Tal vez fue sutil, pero estaba allí. Pruébalo otra vez :)

Los seres humanos tienen algo llamado "neuronas espejo", lo que significa que reflejamos los sentimientos de las personas que nos rodean sin siquiera intentarlo. Significa que cuando alguien nos da una sonrisa genuina en la calle, también tenemos ganas de sonreír. Esto es cierto incluso para alguien que vemos en un televisor o en una imagen. ¡Este pequeño hecho de la vida se puede usar como práctica, con el objetivo de crear positividad en las mentes de otras personas!

En cierto modo, la difusión de la positividad será una cosa automática. A medida que te conviertes en una persona con una mente más positiva, mostrarás más positividad al mundo sin siquiera intentarlo. Este es un efecto secundario maravilloso de una mente positiva y si elige agregar positividad a sus acciones de manera regular, ¡el impacto será absolutamente enorme! Por lo que podemos decir, no hay una cantidad limitada de positividad en el mundo. No es que puedas obtener más al tomar de los demás, de hecho, es lo contrario. Mientras más positividad muestres, más gente tendrás a tu alrededor. Y a medida que las personas sigan tu ejemplo, te mostrarán la misma positividad. Es como tu y todos los que te rodean son espejos, que reflejan positividad de un lado a otro. Recuerda que las "neuronas espejo" hacen esto sin siquiera intentarlo, así que agrega una sonrisa adicional o palabras amables a tus acciones y veras qué sucede. Puede que no sea instantáneo, pero al menos te hará un poco más feliz de inmediato.

Hay otro aspecto de este pequeño tipo de enseñanza en el que es bueno pensar. Las personas aprenden y emulan a quienes les rodean que dan buenos ejemplos. A medida que practiques y desarrolles una mente más positiva, darás el ejemplo de una persona más feliz y equilibrada que otros querrán emular. No intentes forzar esto, solo sucederá naturalmente con el tiempo. Pero si alguien te pregunta sobre algo relacionado con lo que aprendió a través de este proceso, entonces se te presenta un momento para compartir algo de valor. Tal vez puedas decirles cómo hacer la pregunta, hacer y repetir un objetivo simple, o decirles cómo visualizar una mente positiva. Si todavía están interesados, tal vez puedas contarles sobre este libro si te parece bien. Nuevamente, estos momentos solo pueden ocurrir naturalmente por su propio interés y preguntas. Este libro no se trata de llamar a las puertas de las personas y hacer correr la voz. La mejor manera de enseñar es ser lo que deseas enseñar. Un profesor de matemáticas debe saber matemáticas, y un profesor de música debe saber música, de modo que solo puede mostrar a otros cómo tener una mente positiva una vez que realmente está desarrollando uno por su cuenta.

Este último capítulo es simplemente algo que debe mantenerse en mente mientras practicas y desarrollas con el tiempo. Deja que las oportunidades de difundir la positividad te lleguen. Si mantienes los ojos abiertos y tienes una mente de principiante, ¡habrá muchos de ellos! La vida está llena de sorpresas, altibajos y todo lo que hay en medio. La clave del éxito es moverse y cambiar, y aprovechar cada oportunidad para aprender y crecer. Si das los primeros pasos, ya estás en camino. Bienvenido a tu viaje hacia una vida más feliz, más saludable y más equilibrada. Todo lo que necesitas ya está dentro de ti. Solo recuerda aplicar estas herramientas simples tanto como puedas. ¡Felices viajes y felices mentes!

Conclusión

¡Gracias de nuevo por descargar este libro! Espero que este libro pueda ayudarte a desarrollar una mente más positiva, un cuerpo más sano y una vida más equilibrada.

¡El siguiente paso es seguir practicando con las herramientas de este libro y volver a leer los capítulos si necesitas inspiración o simplemente un recordatorio! Solo sigue aplicando la mente del principiante y las técnicas presentadas aquí.

¡Gracias y buena suerte!

www.ingramcontent.com/pod-product-compliance
Lightning Source LLC
LaVergne TN
LVHW020429080526
838202LV00055B/5093